Bettina Wurche

# Deepwater Horizon: Blowout!

## 20. April 2010

# Inhaltsverzeichnis

# Ölförderung im Golf von Mexiko

Vor der Mississippi-Mündung, 68 Kilometer vor der Küste Louisianas, fällt der Kontinentalschelf (=Festlandssockel) sanft ab bis in die Tiefsee. In 1500 Metern Tiefe beträgt die Wassertemperatur konstant 4 °C. Weitere 2500 Meter unter dem Meeresboden liegen in porösem Felsgestein („Erdölmuttergestein") gespeichert reiche Öl- und Gasvorkommen – das Macondo-Ölfeld (Drilling, 2011).

Die 2001 gebaute *Deepwater Horizon* war 112 Meter lang, 78 Meter breit und 97 Meter hoch. Besitzer und Betreiber war Transocean, der Auftraggeber die BP (British Petroleum), außerdem waren noch andere Firmen beteiligt. Die Bohrinsel erkundete das Macondo-Ölfeld, etwa 64 Kilometer südöstlich

*Wikipedia, Olga Ernst & Hp.Baumeler*

Bohrplattform *West Orion* vor Namibia (2017).

der Küste des US-Bundesstaats Louisiana. Für die Erkundung von Ölquellen in großen Meerestiefen konstruiert, lag die Plattform mit ihren 40 Meter tief ins Wasser ragenden Auftriebskörpern auch bei starkem Wellengang ruhig. Solch eine Halbtaucherplattform ist mobil, nach der Exploration wird sie wie ein Schiff an ihren nächsten Einsatzort gefahren. Die *Deepwater Horizon* hatte ihre Exploration nahezu abgeschlossen, das Bohrloch war bereits mit Zement versiegelt. Die eigentliche Ölförderung sollte dann eine andere Bohrinsel durchführen.

Die Ölförderung auf See ist technisch anspruchsvoll, ganz besonders in großer Tiefe. Die Öl-Lagerstätten stehen durch die Auflast der darüber liegenden Gesteinsschichten unter hohem Druck, dazu kommen noch der Wasserdruck und die am Meeresboden niedrigen Temperaturen. Alle Arbeiten müssen vollständig automatisch oder über autonome Tauchroboter (sogenanntes ROVs – Remotely Operated Vehicles) laufen, kein Taucher kann diese Tiefe erreichen.

Diese Ölförderung ist ein lukratives und gefährliches Geschäft: Im Golf von Mexiko haben seit 2001 auf 90 Bohrinseln über 35.000 Menschen gearbeitet. Dabei kam es bis 2010 zu 90 Todesfällen sowie 948 Feuern und Explosionen (Drilling, 2011).

## Wie kam es zum Blowout?

Über dem Macondo-Ölfeld liegen 4000 Meter Gestein und Wasser – eine gewaltige Auflast! Damit Erdöl und Gas beim Anbohren des Vorkommens nicht unkontrolliert noch oben schießen, wird das Bohrloch während der Arbeiten mit Bohrflüssigkeit ausgefüllt: Bohrflüssigkeit erzeugt mit ihrer hohen Dichte einen hydrostatischen Gegendruck. Dennoch kommt es bei der Öl- und Gasförderung immer wieder zu plötzlichen Druckanstiegen – auch auf der *Deepwater Horizon*. Darum müssen die Bohrarbeiter ständig den Druck kontrollieren.

Der wichtigste Schutzmechanismus gegen den gefürchteten Blowout ist der Blowout-Preventer (BOP), wörtlich Ausbruchverhinderer, eine 15 Meter hohe und über 400 Tonnen schwere Metallkonstruktion mit mehreren Absperrvorrichtungen. Der BOP besteht aus einer ganzen Reihe von gestapelten Absperr-Modulen aus Schieber- und Scherstufen, durch die Mitte verläuft das Bohrgestänge. Bei einem drohenden Blowout werden zuerst Schieber aktiviert, die das Gestänge von außen umfassen und zusammendrücken. Zusätzlich kann noch ein spezielles ringförmiges Gummielement („Annular Bop") als weitere Abdichtung zusammengedrückt werden.

Die nächste Sicherheitsstufe sind Schieber mit gehärteten Schneiden. Wie eine riesige Kneifzange können die beiden Schneiden das gesamte Bohrgestänge zerschneiden und dabei auch gleich zuklemmen. Diese Form der Abdichtung wäre die letzte Rettung vor einem Blowout (Schlumberger, 2020). Ein funktionierender BOP ist also ein integraler Bestandteil der Sicherheit der Bohrinsel, der Crew und der Umwelt, darum muss das System ausfallsicher – „fail-safe" – sein.

Im Falle eines plötzlichen Druckanstiegs soll also der BOP das Bohrloch zuverlässig verschließen, den Ölfluss

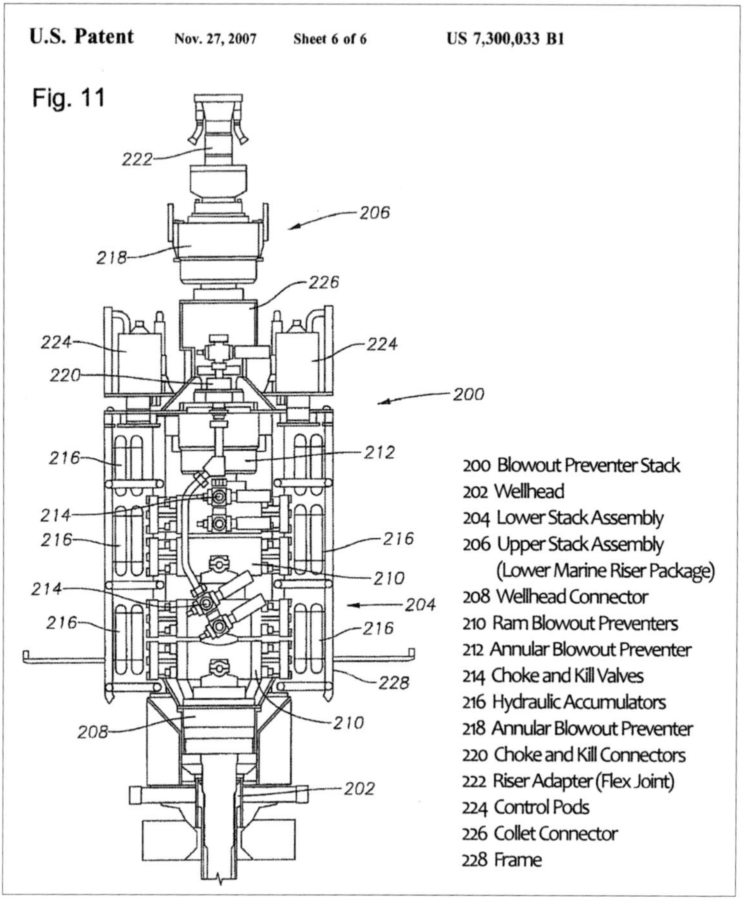


*Wikipedia*

Patentzeichnung eines Blowout Preventers.

unterbrechen und so eine Katastrophe verhindern. Am 20. April 2010 hatte dieses vermeintlich ausfallsichere System versagt.

Die abschließende Untersuchungskommission ist zu einem vernichtenden Urteil gekommen: Durch Wartungsfehler und menschliches Versagen kam es zu einer Kettenreaktion, die in der Katastrophe endete.

Der BOP der *Deepwater Horizon* war mangelhaft (Mullins, 2010):

- das ringförmige Gummi – der „Annular“ BOP – war zerrissen und darum nicht dicht,
- gleich zwei Absperrventile hatten versagt,
- die Batterien mindestens einer Steuerungseinheit waren leer,
- entgegen weltweit verbreiteter Standards fehlte eine zusätzliche Fern- und Automatikauslösung,
- bei Reparaturen waren falsche und fehlerhafte Teile eingebaut worden.

Ein Reparaturtrupp, der mit Spezialinstrumenten die Stabilität der Zementabdichtung der Ölquellen-Versiegelung am Meeresboden kontrollieren sollte, wurde von BP aus Kostengründen unverrichteter Dinge wieder an Land geschickt. Diese Zementabdichtung war mangelhaft und eine maßgebliche Ursache für die Katastrophe.

Der schlechte Zustand der Förderplattform war bekannt: Im September 2009 hatte BP eine detaillierte Betriebsprüfung auf der Bohrinsel durchgeführt und dabei 392 kritische Punkte gefunden. Daraufhin hätte die Bohrung eigentlich abgebrochen werden müssen. Aber zwei Bohrlizenzen drohten auszulaufen, die Arbeiten lagen 6 Wochen hinter dem Zeitplan und 58 Millionen US-Dollar über dem Budget. Darum wollte die Konzernleitung die Bohrungen noch schnell beenden, erst danach sollte die Bohrinsel in den Hafen geschleppt und repariert werden.

BP war sich des schlechten Zustands der Plattform und der Gefahren für Menschen und Umwelt also bewusst und hat sich trotzdem für die Fortsetzung der Arbeiten entschieden.

In ihrem Bericht für den Präsidenten der Vereinigten Staaten Barack Obama stellte die Untersuchungskommission fest, dass diese Katastrophe durch das in der Industrie vorgeschriebene Risiko-Management zu verhindern gewesen wäre. Industrie und Behörden hatten keine Notfallpläne ausgearbeitet, weil sie die Wahrscheinlichkeit eines Ölunglücks für zu unwahrscheinlich hielten. Außerdem läge *Deepwater Horizon* so weit vor der Küste, dass die Küstenanrainer ohnehin sicher vor einer Ölpest seien (Drilling, 2011).

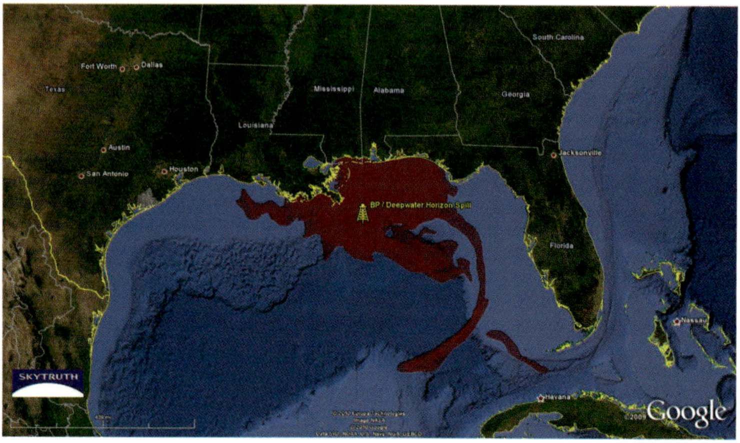


*flickr/SkyTruth*

Deepwater Horizon Ölteppich, basierend auf Satellitenbildern, die zwischen dem 25. April und dem 16. Juli 2010 aufgenommen wurden.

# Eindämmung, Bekämpfung und Abbau der Ölpest

Der Golf von Mexiko ist ein tropisch warmes Randmeer des Atlantischen Ozeans und fast ganz von Land umschlossen: von den US-Staaten Florida, Alabama, Mississippi, Louisiana und Texas, von Mexiko und dem Inselstaat Kuba.

Mehr als 15.000 Tierarten leben im Golf – vom sumpfigen Flussdelta des gewaltigen Mississippi über die produktiven Küstengewässer bis zur Hochsee mit einzigartigen Tiefsee-Ökosystemen.

Feuchtgebiete, Mangrovensümpfe und Sandstrände am Übergang zwischen Land und Meer sind Kinderstuben für viele Krebse, Vögel, Fische, Meeresschildkröten und andere Tiere. In den flachen Küstengewässern davor wachsen Korallen- und Austernriffe, Seevögel wie Pelikane und Seeschwalben finden hier reichlich Nahrung und Delfine surfen bis dicht an die Strände heran. Vom Flachwasser bis zum Hochseebereich leben dort 28 Meeressäuger-Arten wie Seekuh, Seeotter sowie Wale und Fische – von den kleinen Killifischen bis zu streng geschützten Riesen wie Walhaien. Auch die fünf Meeresschildkrötenarten stehen unter strengem Schutz – die bedrohten Meeresreptilien lieben das warme Wasser und legen an den Sandstränden ihre Eier ab. In der Hochsee leben größere Tiere wie Thunfische und Pottwale. Am Meeresboden entfaltet sich die Tiefsee-Fauna mit Tiefsee-Korallen, Röhrenwürmern und anderen Lebensgemeinschaften, die niemals das Sonnenlicht sehen.

Die *Deepwater Horizon*-Katastrophe war das größte Unglück in der Geschichte der Ölförderung auf See. Erst nach vier gescheiterten Anläufen und 87 Tagen konnten Ingenieure eine

*alamy BP46XX*

Öl schwimmt im Meereswasser.

Stahlglocke über die offene Quelle am Meeresboden stülpen und das Bohrloch verschließen.

Die einzelnen Öl-Komponenten haben unterschiedliche Eigenschaften: Flüchtige Verbindungen sind so leicht, dass sie als Gas über der Wasseroberfläche schweben. Ein Teil des Öls treibt als schmierige Lache auf der Wasseroberfläche. Die schweren Anteile des Rohöls wie Teer und Asphalt sinken im Ozean nach unten, teilweise bis in die Tiefsee.

Langfristig verteilt sich ein Teil des Erdöls auf natürliche Weise durch Wind- und Wellenschlag. Allerdings wird das Öl dabei in seine Einzelkomponenten aufgespalten und bleibt im Ökosystem, nur kleiner und weniger sichtbar. Ein Teil des Öls wird von ölfressenden Mikroorganismen abgebaut. Die Dauer des Abbaus hängt auch von der Wassertemperatur ab – Bakterien sind bei höheren Temperaturen aktiver und „fressen“ dann mehr Öl.

Die schwereren Erdölfraktionen wie Asphalt und Teer sinken zum Meeresboden oder werden an den Strand gespült.

*alamy ETK4G9*

Mit chemischen Stoffen soll das Öl aufgelöst werden.

Dort sickern sie in den Boden ein und verklumpen mit Sand und Steinen. Verölter Boden muss dann mit Baggern und Schaufeln abgetragen werden, dabei wird der Strand zerstört (Schmidt, 18.09.2010).

Bei der Ölpest 2010 hatten sich offizielle Stellen deshalb schnell dazu entschieden, die gewaltige Menge des Öls sowohl mechanisch als auch chemisch zu bekämpfen, bevor sie den Strand erreicht. Mechanisch halten Barrieren das an der Oberfläche treibende Öl zusammen, sodass es vor dem Erreichen der Küsten abgeschöpft oder abgebrannt werden kann. Für die chemische Bekämpfung werden Dispergenzien (engl.: „detergents") eingesetzt: Ähnlich wie Spülmittel zerteilen sie das Öl in kleine Tröpfchen. Allerdings sind sie selbst gesundheitsschädlich, darum ist ihr Einsatz sehr umstritten. Die insgesamt mehr als 47.000 Ölpest-Helfer im Golf von Mexiko waren über die Gefahren oft nicht informiert und hatten häufig keine geeignete Schutzausrüstung.

*alamy CD8X83*

Grand Isle, Louisiana, 2010, im Vordergrund Ölbarrieren.

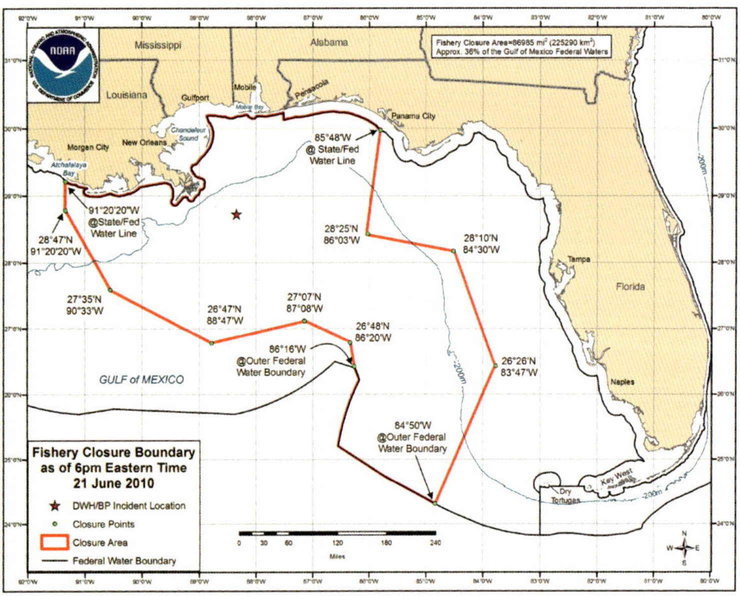


*Wikipedia, U.S. National Oceanic and Atmospheric Administration*

Für die Fischerei am 21. Juni 2010 gesperrte Fläche im Golf von Mexiko.

## Biologische Folgen für die Ökosysteme des Golfs von Mexiko

Welche Auswirkungen hatten 4,9 Millionen Barrel Rohöl und 7,5 Millionen Liter chemischer Dispergenzien auf das Leben im Meer?

Wale, Schildkröten, Seevögel und andere Tiere weichen dem an der Oberfläche treibenden Öl nicht aus, sondern schwimmen einfach hindurch. Dabei geraten sie in unmittelbaren Kontakt, Fell, Federn und Kiemen verkleben. Lungenatmende Meerestiere wie Schildkröten und Wale atmen zusätzlich die giftigen Ausdünstungen des Ölfilms ein.

Unsichtbar für die Menschen sind Mikroorganismen wie Bakterien und einzellige Algen, die in großer Menge vorkommen und die Basis der Nahrungskette sind. In den von der Ölpest betroffenen Regionen im Meer und am Strand ging ihre Zahl dramatisch zurück.

Vor der Küste Louisianas wachsen ausgedehnte Mangrovenwälder. Mit ihrem Geflecht aus Luftwurzeln halten die Pflanzen Schlick und Sand fest, so entstehen viele kleine Inseln. Diese Übergangszone zwischen Land und Meer ist ein Lebensraum für viele Tiere und ein wichtiger Schutz vor Küstenerosion. Da die Mangroven über ihre Luftwurzeln atmen, sind auch sie unter dem Ölfilm erstickt. Ohne die Mangroven sind die kleinen Inselchen dann schnell von den Wellen davongetragen worden – ein ganzer Lebensraum ist verschwunden.

In den flachen Küstengewässern liegen Austernfarmen. Die stabilen Muscheln bauen massive Riffe, die über 170 anderen Tierarten einen Lebensraum bieten und die Küsten befestigen. Aber unter der *Deepwater Horizon*-Katastrophe haben die Austern stark gelitten – im Aquarien-Versuch wurde deutlich, dass gerade die Kombination von Öl und

*Wikipedia International Bird Rescue Research Center*

Stark mit Öl verschmutzte Pelikane auf dem Weg zur Säuberung.

Dispergenzien das Immunsystem der Muscheln besonders stark geschädigt hat.

Muscheln, Krebse und Fische für die menschliche Ernährung mussten nach der Ölpest streng kontrolliert werden, schließlich haben sich in den Meerestieren u.a. die krebserregenden Polyzyklischen Aromatischen Kohlenwasserstoffe angereichert.

Auch die Krebsfischerei ist im Golf von Mexiko ein Wirtschaftsfaktor: 70 % des US-Shrimp-Fangs werden dort eingebracht. Die Shrimp-Fischerei wurde für viele Monate geschlossen, bis der Verzehr für Menschen wieder unbedenklich war.

Fische nehmen Giftstoffe über die Haut auf, viele von ihnen sind daran gestorben. Eine Ölpest tötet aber nicht nur zahlreiche Tiere, sondern vergiftet auch viele Überlebende. Einige Bestandteile des Öls verursachen Mutationen im Erbgut. Der Ölteppich hat die Küstenbereiche mit den Fisch-Kinderstuben besonders schwer getroffen. Auch wenn an den Küsten kein Öl

*U. S. Department of the Interior*

Gereinigte Pelikane werden umgesiedelt und wieder in die Natur entlassen.

mehr zu sehen ist, sind die Wirkungen des Öls im Erbgut und Gesundheitszustand der Meerestiere deutlich sichtbar. Besonders hart hat die Ölpest die wirtschaftlich wertvollen Thunfisch-Bestände getroffen (Hazen, 2016). Dabei hatten sich die Blauflossen-Thunfisch-Bestände des Golfs nach 30-jähriger strenger Überwachung gerade erst wieder von der Überfischung früherer Zeiten erholt.

Ölverschmierte Vögel sind die Symboltiere jeder Ölpest. Nach Schätzung von Experten sind durch diese Ölpest etwa 100.000 Vögel umgekommen. Gerade Seevögel können ohne ihr isolierendes und wasserabweisendes Gefieder nicht überleben. Beim Putzen der verschmutzten Federn verschlucken sie die toxische Substanz dann auch. Pelikane, die Wappenvögel Louisianas, bauen ihre Nester in den Mangrovenwäldern. Im April hatten sie gerade Brutzeit: Bei der Nahrungssuche haben die Elternvögel Öl mit aufgenommen und es bis in die Nester mit den Eiern und Küken getragen.

Biologen, Tierärzte und Freiwillige hatten Hunderte von verölten Vögeln eingesammelt und gesäubert. Allerdings sind die Überlebenschancen der Vögel auch danach schlecht. Die meisten von ihnen verenden später.

Meeresschildkröten kommen zum Atmen an die Wasseroberfläche – dort haben sie die flüchtigen Öl-Bestandteile eingeatmet oder sind direkt in Ölschlieren geraten; andere sind beim Abfackeln des Ölteppichs verbrannt. Allein 2010 und 2011 sind Hunderte Schildkröten nach der Ölpest tot angespült worden oder gestorben, Hunderte andere wurden gesäubert und wieder ausgesetzt. Experten vermuten, dass insgesamt etwa 6000 erwachsene Reptilien der Ölpest zum Opfer gefallen sind.

Der warme Golf ist ein wichtiges Brutgebiet für die Meeresreptilien, die an den langen Sandstränden ihre Eier vergraben. Biologen und Freiwillige haben 275 Schildkröten-Nester vor der Ölflut gerettet und umgesetzt, 28.000 Eier gesammelt und in Stationen ausgebrütet und 14.000 geschlüpfte Mini-Reptilien wieder im Atlantik ausgesetzt (NOAA, 2019).

Im nördlichen Golf von Mexiko leben 22 Arten von Meeressäugern: Seekühe weiden in den Seegraswiesen vor der Küste, zwischen der Küste und der Hochsee schwimmen kleine und große Wale. Meeressäuger stehen unter strengem Schutz, darum werden gestrandete tote Wale eingesammelt und untersucht, um die Todesursache zu ermitteln. Da nahe der Küste besonders viele Große Tümmler leben, machen sie auch bei den Totfunden zahlenmäßig den größten Anteil aus.

In den Jahren nach der Ölpest ist es zu mehreren Delfin-Massensterben gekommen – immer wieder sind wesentlich mehr tote Tümmler an die Strände von Louisiana, Mississippi und Alabama gespült worden, als vor 2010; darunter waren auffallend viele Tot- und Neugeborene.

Allein 2011 waren 69 winzige Delfine angespült worden, die entweder noch im Mutterleib oder unmittelbar nach der Geburt verstorben waren. Die Biologen und Tierärzte hatten diese kleinen Zahnwale mit 26 gleich alten Jungtieren aus anderen Regionen verglichen: Die Meeressäuger aus der mit Öl verschmutzten Region hatten zu 87 % Lungenschäden oder Lungenentzündungen und eine insgesamt wesentlich höhere Sterblichkeit (Colegrove & Venn-Watson, 2016). Die Delfinmütter hatten ihre giftige Last auf die ungeborenen Jungtiere übertragen.

Auch bei den erwachsenen toten Großen Tümmlern fanden und finden die Wissenschaftlerinnen seit 2010 auffallend viele Lungenschäden, Lungenentzündungen und Folgen extremen Stresses (Venn-Watson & Colegrove, Kathleen M. , 2015), manche Tiere sind stark abgemagert. Viele der Krankheitsbilder waren für Große Tümmler ungewöhnlich, passen aber zu den gesundheitlichen Folgen einer Ölpest (Schwacke & Cynthia R. Smith, 2014). Delfine sind wie alle Zahnwale langlebig und haben nur wenig Nachwuchs – Tierärzte und Biologen befürchten, dass die besonders stark betroffenen Delfin-Gruppen noch mehr als 30 Jahre an den Ölpest-Folgen leiden werden (Luce, 2018).

In der Tiefe des Golfs von Mexiko sind einzigartige Ökosysteme: Fern vom Sonnenlicht wachsen dort Tiefsee-Lebensgemeinschaften aus Kaltwasser-Korallen und bonbon-bunten Schwämmen, über die Seegurken und Seesterne kriechen oder große Krebse mit bizarr geformten Panzern hinwegmarschieren.

Im Umkreis von 100 Kilometern um das Bohrloch herum hatten Tiefseeforscher nach der Katastrophe Ölklumpen und Ölschichten auf dem Meeresboden entdeckt. Vermutlich ist etwa ein Drittel des aus dem Bohrloch sprudelnden Öls in der Meerestiefe geblieben, nur ein kleiner Teil wurde von Mikroben zersetzt.

2017 hatten Wissenschaftler erneut mit einem Tauchroboter die versiegelte Unglücksstelle in 1500 Metern Tiefe besucht und neben vielen Ölplacken eine große Anzahl von Tieren beobachtet. Da der Golf von Mexiko bis in die Tiefsee relativ gut erforscht ist, fiel den Biologen sofort die Veränderung der Lebensgemeinschaft auf: Aus dem weichen Meeresboden ragten die Reste der Bohrrohre hervor. Normalerweise hätten sie von Polypen, Schwämmen und anderen Tiere besiedelt sein müssen. Aber die Metallkonstruktionen an der Unglücksstelle waren vollständig leer (McClain, Nunnally, & Benfield, 2019). Das Öl war offenbar wie ein giftiges Leichentuch in die Tiefe abgesunken und hatte die dort lebenden Tiere erstickt, vergiftet oder vertrieben. Stattdessen hatte der Ort ungewöhnlich viele Krabben und Garnelen angezogen, viele von ihnen waren verkrüppelt und desorientiert. Die Unglücksstelle ist sehr anziehend für Krebse – die chemischen Signaturen der zerfallenden Kohlenwasserstoffe ähneln den Sexual-Lockstoffen vieler Krebsarten. An der Ölquelle angekommen, bemerken die Tiere ihren Irrtum zu spät: die herumliegenden Ölklumpen schädigen das Nervensystem, sie verlieren die Orientierung und sterben schließlich. Die ölverseuchten Kadaver sind dann wieder Nahrung für andere Krebse, die dadurch noch mehr Giftstoffe aufnehmen (Valentine, 2013).

Der Beweis, dass so viele wirbellose Tiere, Fische, Schildkröten, Vögel und Wale wegen des Öls erkrankt oder gestorben sind, ist schwierig zu erbringen, da nur ein Teil der Kadaver überhaupt an den Strand gespült wurde. Außerdem waren nicht alle Tiere sichtbar verölt. Aber die Masse der toten Tiere übersteigt die normale Sterblichkeit bei Weitem. Die Krankheitsbilder passten zu den bekannten Gesundheitsgefahren durch Petroleum. Da die meisten Meerestier-Kadaver im Meer versinken, dürfte die tatsächliche Anzahl der Ölpest-Opfer sogar wesentlich höher liegen.

# Ökonomische Folgen der Ölpest – wer zahlt den Preis?

Der Golf von Mexiko ist eines der produktivsten marinen Ökosysteme Nordamerikas. Die Berufs- und Freizeitfischerei hat einen Jahresumsatz von über 20 Milliarden US-Dollar (NOAA, 2018). Die kommerziell wichtigen Arten wie Austern, Krebse und Fische haben massiv unter den Folgen der Ölpest gelitten. Modellrechnungen von Experten haben ergeben, dass allein in der Fischerei für 2010 ein finanzieller Schaden von mindestens 52 bis 96 Millionen Dollar verursacht wurde. (Carroll, Gentner, Larkin, Quigley, & Perlot, 2016).

Louisiana, Alabama und Mississippi sind drei der ärmsten US-Bundesstaaten. Gerade in den Küstenregionen bieten die

*alamy DO3FXG*

Erdöllachen am Strand.

*alamy BRA6GA*

Schwimmende Barrieren sollen das Öl aufhalten,

*alamy M4949E*

die dann ebenfalls gereinigt werden müssen.

Ölindustrie und die Fischerei oft die einzigen Arbeitsplätze, durch die Ölpest verloren Tausende ihren Job. Viele von ihnen wurden in den Wochen und Monaten danach von BP eingestellt, um Strände und Küsten vom Öl zu befreien.

Ärzte der Gesundheitsbehörden hatten mehr als 7700 Menschen sorgfältig untersucht: Diejenigen, die brennendes Gas und Öl eingeatmet oder mit Dispergenzien gearbeitet hatten, hatten mehrere Jahre danach immer noch Lungenprobleme (Gam, Kwok, Engel, & al, 2018). Diese Chemikalien scheinen auch die Ursache für Übelkeit und Kopfschmerzen zu sein (Drilling, 2011). Bei anderen Betroffenen zeigten sich Veränderungen im Blutbild und Herz-Kreislauf-Erkrankungen (D'Andrea & Reddy, 2018).

Die Ölpest hat den Küstenschutz geschwächt: Mangrovensümpfe, Austern- und Korallenriffe befestigen und schützen die Küste. Sind sie geschädigt, können Hurrikans und Hochwasser ungebremst bis in die Küstenstädte hinein ihre Schneisen der Verwüstung ziehen. Gerade angesichts des steigenden Meeresspiegels und der zunehmenden Extremwetterlage ist das ein Risiko, darum sind die Küsten-Ökosysteme mit großem finanziellem Aufwand restauriert worden.

2010 begann das Strafverfahren gegen BP, Halliburton und Transocean. 2012 verurteilte das US-Justizministerium BP zu einer Geldstrafe von 4,5 Mrd. US-Dollar – die höchste jemals verhängte Strafe für ein Umweltdelikt (EPA, 2013), die anderen Firmen erhielten ebenfalls hohe Geldstrafen. Die beiden leitenden Angestellten von BP, die auf der Fortführung der Bohrung bestanden hatten, mussten sich für den Tod der 11 Arbeiter verantworten und wurden wegen Totschlags bestraft (Encyclopedia Britannica).

2013 begann das zivilrechtliche Verfahren gegen BP und andere beteiligte Firmen. Im April 2016 verurteilte der Richter BP als Hauptschuldigen zu der Rekordstrafe von 20,8 Milliarden US-Dollar. Transocean als Plattformbetreiber und Halliburton für die mangelhaften Zementarbeiten wurden ebenfalls zu hohen Geldstrafen verurteilt. Allein 5,5 Milliarden US-Dollar

PictureAlliance-112712058

Reinigungsarbeiten am Strand.

waren das Strafmaß für den Verstoß gegen den Clean Water Act (Wasserschutzgesetz) und 8,1 Milliarden US-Dollar wegen der Umweltschäden durch Verölung (Oil Pollution Act – Gesetz gegen Öl-Verschmutzung). Weitere 4,9 Milliarden US-Dollar machten Schadenersatzforderungen wegen der ökonomischen Einbußen der betroffenen Bundesstaaten aus (The United States Ministery of Justice, 2015).

Weiterhin hatten auch viele Privatpersonen Schadenersatz wegen finanzieller und gesundheitlicher Schäden erhalten und die Kommunen der Bundesstaaten hatten die Kosten für die Bekämpfung der Ölpest von den Konzernen zurückgefordert.

Ein großer Teil der Geldstrafen ist in die Aufräumungsarbeiten und die Wiederherstellung der Ökosysteme geflossen (Regalado, 2016).

Die meisten Forschungsprojekte zur Dokumentation der ökologischen Folgen liefen nur bis 2014. 2015 hatte BP dann behauptet, dass die Ökosysteme wieder vollständig hergestellt seien – viele Wissenschaftler der National Oceanic and Atmospheric Agency (NOAA) und anderer Institutionen waren zu anderen Ergebnissen gekommen und widersprachen BP vehement. Die anhaltenden Massensterben der Delfine, die eingebrochenen Fischerei-Erträge und die immer noch tote Tiefseelandschaft um das versiegelte Bohrloch zeigen, dass die Folgen der Ölpest noch nicht vorbei sind.

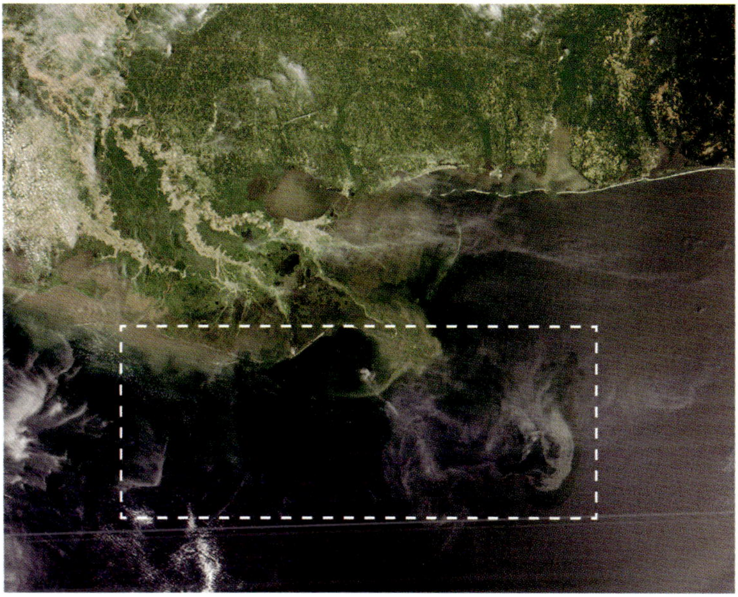

*NASA*

Ölteppich im Golf von Mexico aus der Sicht eines NASA Satelliten (10. Mai 2010). Das Ausmaß der Katastrophe ist auch aus dem Weltall nicht zu übersehen (siehe Markierung).

*Wikipedia/United States Coast Guard*

2005: Bohrinsel Thunder Horse PDG mit erheblicher Schlagseite nach Hurrikan Dennis. Die Öl-Plattform befindet sich im Mississippi Canyon Thunder Horse Öl-Feld und ist die größte Offshore-Anlage seiner Art. Nach dem Hurrikan lag die Plattform in einer 30 Grad Schieflage und drohte zu kentern. Ein Inspektionsteam fand keine Lecks an der Hülle, offenbar war nur ein falsch angeschlossenes Rohr Schuld an dem Unfall. So konnte die Bohrinsel nach einer Woche wieder aufgerichtet werden.

## Gibt es aus der Öl-Katastrophe Lehren für die Zukunft?

Nach der *Deepwater Horizon*-Ölpest hat eine Experten-Kommission die Unglücksursachen analysiert:

- der Blowout hätte verhindert werden können,
- die Katastrophe ist auf eine Serie von Versagen und Fehlentscheidungen der beteiligten Firmen BP, Halliburton und Transocean zurückzuführen,
- die Industrie muss ihre Technologien und Standards weiterentwickeln, um weitere Öl-Katastrophen zu verhindern,
- die Gesetze zur Kontrolle der Industrie und zum Umweltschutz müssen weiterentwickelt und auch durchgesetzt werden,
- die ökologischen Zusammenhänge in sensiblen Ökosystemen wie dem Golf von Mexiko oder der Arktis sowie die Auswirkungen einer Ölpest auf Menschen und Umwelt müssen besser erforscht werden (Drilling, 2011).

Präsident Barack Obama hatte darauf reagiert und in seiner Amtszeit mehrere große Meeresschutzgebiete ausgewiesen, in denen keine Ölexploration erlaubt ist. Weiterhin waren die Gesetze und Auflagen gegenüber der Industrie erheblich verschärft worden.

Unter der derzeitigen US-Regierung werden wieder deutlich mehr Bohrgenehmigungen erteilt, auch in kritischen Ökosystemen wie der Arktis und der Tiefsee. Seit 2018 sind die Vorschriften etwa zur Sicherheit der Unterwasser-Blowout-Prävention gelockert worden, sodass Umweltschützer weitere Ölkatastrophen befürchten (Jones, 2018). Insgesamt ist jetzt, 2020, weltweit zu beobachten, dass statt Umweltschutz die Rohstoff-Ausbeutung vorangetrieben wird. Darum drängen

Umweltexperten auf einen stärkeren Schutz der Hoch- und Tiefsee – 2020 wird die Staatengemeinschaft der Vereinten Nationen über ein umfassendes Meeresschutz-Abkommen beraten.

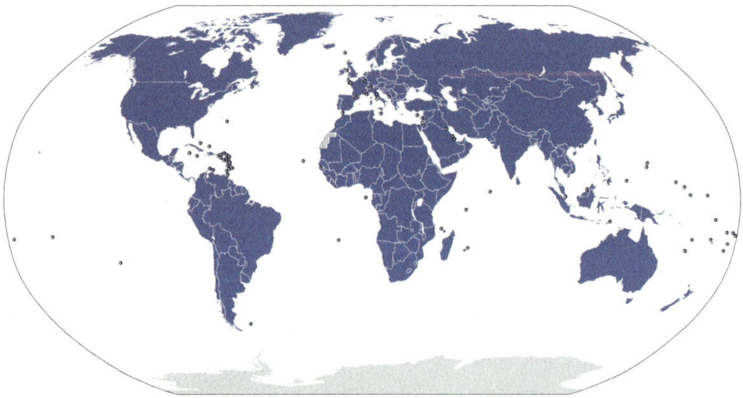

*Wikipedia/Lateiner*

Die Meere können nur geschützt werden durch internationale Zusammenarbeit. Der erste Ansprechpartner für globale Angelegenheiten sind deshalb die Vereinten Nationen, da dort fast alle Länder der Welt teilhaben.

# Literaturverzeichnis


Bik, H., Halanych, K., Sharma, J., & Thomas, W. (2012 7 (6)). Dramatic Shifts in Benthic Microbial Eukaryote Communities following the Deepwater Horizon Oil Spill. *PLoS ONE*, S. doi:10.1371/journal.pone.0038550.

Carroll, M., Gentner, B., Larkin, S., Quigley, K., & Perlot, N. e. (2016). *An analysis of the impacts of the Deepwater Horizon oil spill on the Gulf of Mexico seafood industry.* OCS Study BOEM 2016–020. 202 p.: U. S. Dept. of the Interior, Bureau of Ocean Energy Management, Gulf of Mexico OCS Region, New Orleans, LA. .

Colegrove, K. M., & Venn-Watson, S. (2016). Fetal distress and in utero pneumonia in perinatal dolphins during the Northern Gulf of Mexico. *PLOS ONE*, S. doi: 10.3354/dao02969.

D'Andrea, M. A., & Reddy, G. K. (117. 6 2018). The Development of Long-Term Adverse Health Effects in Oil Spill Cleanup Workers of the Deepwater Horizon Offshore Drilling Rig Disaster. *Frontiers in Public Health.*

*Deepwater Horizon oil spill settlements: Where the money went.* (20. April 2017). Von National Oceanic and Athomspheric Administration: https://www.noaa.gov/explainers/deepwater-horizon-oil-spill-settlements-where-money-went abgerufen

Dennin, T. (2010). *Lukrative Rohstoffmärkte: Ein Blick hinter die Kulissen.* FinanzBuch Verlag; 2 edition (September 20, 2010).

Drilling, N. C. (2011). *Deep Water – The Gulf Oil Desaster and the Future of Offshore Drilling.* Report to the President.

Encyclopedia Britannica. (kein Datum). *Deepwater Horizon oil spill: Legal Action – Charges, settlements, and penalties.* Abgerufen am 02. 06 2020 von Encyclopedia Britannica: https://www.britannica.com/event/Deepwater-Horizon-oil-spill/Legal-action

EPA. (29. January 2013). *Summary of Criminal Prosecutions.* Abgerufen am 06. 02 2020 von EPA: https://cfpub.epa.gov/compliance/criminal_prosecution/index.cfm?action=3&prosecution_summary_id=2468

Gam, K., Kwok, R., Engel, L., & al, e. (May 2018). Lung Function in Oil Spill Response Workers 1–3 Years After the Deepwater Horizon Disaster. *Epidemiology. 29(3)*, S. 315–322.

Haney, J. C., Geiger, H. J., & Short, J. W. (2014). Bird mortality from the Deepwater Horizon oil spill. I. Exposure probability in the offshore Gulf of Mexico. *Marine Ecology Progress Series*, S. 225–237; https://doi.org/10.3354/meps10991 .

Haney, J. C., Geiger, H. J., & Short, J. W. (513 2014). Bird mortality from the Deepwater Horizon oil spill. II. Carcass sampling and exposure probability in the coastal Gulf of Mexico . *Marine Ecology Progress*, S. 239–252; doi.org/10.3354/meps10991.

Havariekommando, Unabhängige Umweltexpertengruppe. (2001). VPS Bekämpfungshandbuch: 6.7 Sicherheitshinweise zum Umgang mit Dispergentien. Deutsche Nord- und Ostsee.

Hazen, E. L. (Scientific Reports volume 6 2016). Quantifying overlap between the Deepwater Horizon oil spill and predicted bluefin tuna spawning habitat in the Gulf of Mexico. *Nature Scientific reports*, S. Article number: 33824.

hda/AFP. (04.05.2010). Ölverschmutzte Vögel: Experten empfehlen Töten statt Putzen . *SPIEGEL*.

Jones, S. (28. September 2018). *Center for Biological Diversity*. Abgerufen am 06. 02 2020 von Trump Administration Rolls Back Offshore Drilling Safety Regulations: https://www.biologicaldiversity.org/news/press_releases/2018/offshore-drilling-safety-09–28-2018.php

Luce, E. (27. March 2018). *University of Illinois, College of Veterinary Medicine*. Abgerufen am 06. 02 2020 von Illinois Researcher Leads Investigation on Dolphin Health: https://vetmed.illinois.edu/deepwater-horizon-oil-spill-dolphin-health/

McClain, C. R., Nunnally, C., & Benfield, M. C. (28. 08 2019). Persistent and substantial impacts of the Deepwater Horizon oil spill on deep-sea megafauna. *Royal Society Open Science*, S. doi.org/10.1098/rsos.191164.

Mullins, J. (2010, September 8). The eight failures that caused the Gulf oil spill. *New Scientist*, p. (abgerufen: 14.01.2020).

NOAA . (25. 01 2018). *The Gulf of Mexico Regional Ecosystem*. Abgerufen am 06. February 2020 von NOAA Fisheries: https://www.fisheries.noaa.gov/southeast/ecosystems/gulf-mexico-regional-ecosystem

NOAA. (13. 09 2019). *Deepwater Horizon Oil Spill 2010 – Sea Turtles, Dolphins, and Whales*. Abgerufen am 2020. 02 06 von NOAA Fisheries: Office of Protected Resources: https://www.fisheries.noaa.gov/national/marine-life-distress/deepwater-horizon-oil-spill-2010-sea-turtles-dolphins-and-whales

NOAA. (kein Datum). *Seafood Safety After an Oil Spill*. Abgerufen am 06. 02 2020 von NOAA: Office of Response and Restoration: https://response.restoration.noaa.gov/oil-and-chemical-spills/oil-spills/resources/seafood-safety-after-oil-spill.html

Regalado, N. (2016, 06 21). *Natural Resource Damage Assessment and Restoration Program (NRDA Restoration Program)*. Retrieved from Historic NRDAR Settlement Reached for Deepwater Horizon Spill: https://www.doi.gov/restoration/historic-nrdar-settlement-reached-deepwater-horizon-spill

Schleifstein, M. (27.06.2016). BP oil spill cost fishing industry at least $ 94.7 million in 2010 . *The Times Picayune*, https://www.nola.com/news/environment/article_462806af-c1e5-5712–9608–31b125c43c8c.html.

Schlumberger. (06. 02 2020). *blowout preventer*. Von Oilfield Glossary: https://www.glossary.oilfield.slb.com/en/Terms/b/blowout_preventer.aspx abgerufen

Schmidt, S. (18.09.2010). Braune Flocken und Bakterien. *Neues Deutschland*, https://www.neues-deutschland.de/artikel/179877.braune-flocken-und-bakterien.html.

Schwacke, L. H., & Cynthia R. Smith, e. a. (48, 1 2014). Health of Common Bottlenose Dolphins (Tursiops truncatus) in Barataria Bay, Louisina, Following the Deepwater Horizon Oil Spill. *Environ. Sci. Technol.*, S. 93–103.

Seynsche, M. (19. 04 2015). *Deutschlandfunk*. Abgerufen am 06. 02 2020 von Fünf Jahre nach Deepwater-Horizon-Explosion: Die langen Schatten des Öls: https://www.deutschlandfunk.de/fuenf-jahre-nach-deepwater-horizon-explosion-die-langen.740.de.html?dram:article_id=316919

The United States Ministery of Justice. (5. October 2015). *Justice News » Environment and Natural Resources Division » Proposed Consent Decrees*. Abgerufen am 02. 06 2020 von Deepwater Horizon: https://www.justice.gov/enrd/deepwater-horizon

Umweltbundesamt. (Januar 2016). Polyzyklische Aromatische Kohlenwasserstoffe. Dessau-Roßlau, Sachsen-Anhalt, Bundesrepublik Deutschland.

Umweltexpertengruppe „Folge vonSchadstoffunfällen“ . (2011). *Deepwater Horizon – Erkenntnisse aus der Havarie und.* Bundesministerium für Umwelt (BMU).

Valentine, M. M. (1-2. 77 2013). Characterization of epibenthic and demersal megafauna at Mississippi Canyon 252 shortly after the Deepwater Horizon Oil Spill. *Marine Pollution Bulletin*, S. 196–209.

Venn-Watson, S., & Colegrove, Kathleen M. . (Mai 2015). Adrenal Gland and Lung Lesions in Gulf of Mexico Common Bottlenose Dolphins (Tursiops truncatus) Found Dead following the Deepwater Horizon Oil Spill. *PLOS ONE*, S. doi.org/10.1371/journal.pone.0126538 .

Whitehead, A., & Roach, J. (108(15) 2011). Whitehead, A., J. Roach, S. Zhang, and F. Galvez (2011). Genomic mechanisms of evolved physiological plasticity in killifish distributed along an environmental salinity gradient. *Proceedings of the National Academy of Sciences of the United States of America*, S. 6193–6198.